Collection de Feu M. G. POCHET

ŒUVRE

DE

FÉLICIEN ROPS

ŒUVRE

DE

LOUIS LEGRAND

Me **MAURICE DELESTRE**, Commissaire-Priseur

5, RUE SAINT-GEORGES, 5

MM. LÉON SAPIN ET **LOYS DELTEIL**

EXPERTS

EXEMPLAIRE D'ALFRED BEURDELEY

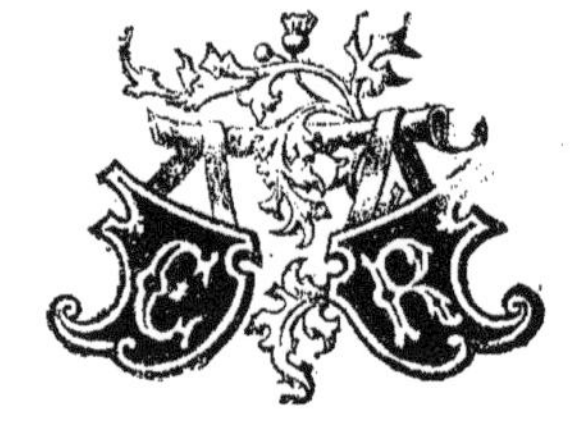

ŒUVRES

DE

FÉLICIEN ROPS

ET DE

LOUIS LEGRAND

EXEMPLAIRE D'ALFRED BEURDELEY

CONDITIONS DE LA VENTE

Elle sera faite au comptant.

Les acquéreurs paieront **dix pour cent** en sus des adjudications.

MM. Léon Sapin et Loys Delteil rempliront les commissions que voudront bien leur confier les amateurs ne pouvant y assister.

MM. les amateurs pourront visiter la collection, **67, rue Sainte-Anne,** du *Jeudi 14 au Lundi 18 novembre,* de 9 h. à 11 h. et de 1 h. 1/2 à 3 h. 1/2, le **Dimanche 17 excepté.**

Collection de Feu M. G. POCHET

CATALOGUE

DES ŒUVRES

DE

FÉLICIEN ROPS

ET DE

LOUIS LEGRAND

DONT LA VENTE AURA LIEU A PARIS

HOTEL DROUOT, SALLE N° 7

Les Mardi 19, Mercredi 20 et Jeudi 21 Novembre 1901

A 2 HEURES PRÉCISES

Par le Ministère de Mᵉ **MAURICE DELESTRE**, commissaire-priseur,

5, RUE SAINT-GEORGES, 5

ASSISTÉ DE

M. LÉON SAPIN, libraire-expert | **M. LOYS DELTEIL**, artiste-graveur expert
3, RUE BONAPARTE, 3 | 67, RUE SAINTE-ANNE, 67

ORDRE DES VACATIONS

DÉSIGNATION

ROPS (Félicien)

EAUX-FORTES ET POINTES SÈCHES

1. La Diligence d'Uccle (E. Ramiro 2). — Eau-forte.
    > Très belle épreuve sur papier du Japon, signée. Fort rare.
    > On y a joint la reproduction sur bois avec quelques variantes
    > de cette pièce et qui porte pour titre : *La campagne parisienne*.

2. La Femme au boléro (E. R. 3). — Eau-forte.
    > Belle épreuve du 2e état. Très rare.

3. Billet à ordre (E. R. 4). — Pointe sèche.
    > Très belle épreuve, signée.

4. Essuie-main, réactifs belges (E. R. 5). — Eau-forte publiée
    sous le pseudonyme de *G. Smithson*.
    > Très belle épreuve du 3e état, sur papier du Japon.

5. L'Éventail (E. R. 6). — La Buveuse d'absinthe (7). — Deux
    eaux-fortes, la seconde gravée d'après Rops, par Frédéric
    Chevalier.
    > Belles épreuves.

6. Anversoise (E. R. 8). — Eau-forte.
    > Belle épreuve sur japon.

7. Tête de femme (E. R. 9). — Eau-forte.
    > Très belle épreuve de 2e état. Très rare.

8. La Fantoche, 1874 (E. R. 10).— Eau-forte exécutée en partie
par Fr. Taëlemans.

Très belle épreuve du 2ᵉ état, tirée sur papier ancien. Rare.

9. Elle et Lui (E. R. 12). — Eau-forte mal venue.

Belle épreuve sur papier de Chine volant. Très rare.

10. La Vieille au bonnet blanc (E. R. 14). — Planche abandonnée.

Belle épreuve.

11. La Jeune Modiste (E. R. 15). — Eau-forte.

Belle épreuve du 2ᵉ état. Très rare.

12. Pigeon-vole, canot du *Royal-Club* de Sambre-et-Meuse
(E. R. 18). — Eau-forte.

Trois épreuves différentes.

13. L'Homme au casque (Guerrier à la Salvator Rosa) (E. R. 19).
— Eau-forte.

Très belle et fort rare épreuve du 1ᵉʳ état, *non décrit*, avant de
nombreux travaux sur la figure du guerrier et avant la *troupe de
chasseurs*.

14. La même estampe.

Deux très belles épreuves du 2ᵉ état (seul décrit), tirées sur
papier de Chine volant.

15. Chasseur au tiré et son chien (E. R. 20). — Le Modèle
d'atelier (21). — Deux petites pièces.

Belles épreuves. Rares.

16. La Femme à la toque écossaise (E. R. 23).

Belle épreuve sur papier du Japon, signée.

17. Le Gamin à la pierre ou la Mauvaise niche (E. R. 24). —
Gravure sur verre, exécutée par le procédé Simonau et
Toovey.

Deux belles épreuves d'état différent.

18. La Soetkin (E. R. 25, 1ᵉʳ état). — La Petite Peleuse de
pommes de terre (26, 2ᵉ état). — Tête d'Uylenspiegel
(27, 2ᵉ état.) — Trois pièces rares.

Belles épreuves.

19. Le Charpentier (E. R. 28). — Gravure sur verre.
    Belle épreuve. Très rare.

20. Nephten, 1862 (E. R. 29). — Eau-forte.
    Très belle épreuve avec des *barbes* et des *picots*, le fond sale. Rare.

21. La même estampe.
    Très belle épreuve de la planche terminée, signée.

22. Les Adieux d'Auteuil, 1869 (E. R. 30). — Eau-forte donnée en prime, en 1869, par le *Journal des Beaux-Arts*, publié à Saint-Nicolas (Flandre).
    Très belle épreuve sur papier du Japon, signée.

23. Norvégienne, 1874 (E. R. 32). — Eau-forte et pointe sèche.
    Très belle épreuve.

24. Rops gravant (E. R. 34). — Eau-forte exécutée en collaboration avec son élève Taëlemans.
    Très belle épreuve, sur papier du Japon, tirée en sanguine et signée.

25. La Quotidienne (E. R. 35). — Eau-forte.
    Très belle épreuve du 3e état, tirée sur papier ancien. Rare.

26. La Femme en chapeau à cabriolet (E. R. 37). — Eau-forte sur zinc, mal venue.
    Deux belles épreuves des 1er et 2e états.

27. Ma tante Johanna (E. R. 39). — Le Bassoniste (40). — Deux pièces.
    Belles épreuves.

28. Servante (E. R. 41). — Eau-forte.
    Très belle épreuve sur papier du Japon.

29. La même estampe.
    Très belle épreuve.

30. L'Oncle Claes et la Tante Johanna (E. R. 42). — Eau-forte.
    Très belle épreuve du 4e état, avec les *deux* croquis en marge, tirée sur papier du Japon et signée.

31. La même estampe.
    Très belle épreuve du 5e état, sur papier du Japon, signée.

32. Prêtre russe (E. R. 43). — Eau-forte.

Très belle épreuve, signée.

33. L'Hygiène (E. R. 44). — Gravure sur ivoire.

Très belle épreuve sur papier du Japon. Collection A. P. Malassis.
N. B. — *Cette pièce, excessivement rare, a été gravée sur une plaque d'ivoire formant l'une des faces d'un petit coffret... appartenant à M. Camille Blanc* (E. Ramiro).

34. La Petite Femme à la fourrure, assise (E. R. 45). — Eau-forte.

Très belle épreuve du 1er état.

35. La même estampe.

Très belle épreuve du 2e état, avec le *paysage*, signée.

36. La Grande Femme à la fourrure, assise (E. R. 46). — Eau-forte.

Très belle épreuve du 2e état, avant les croquis. Rare.

37. Amour sénile (E. R. 47).

Deux très belles et très rares épreuves des 1er et 2e états, sur papier du Japon, la première signée.

38. Paysage brabançon (E. R. 48 — 2e état). — Le Moujick (49 — 3e état). — Deux eaux-fortes.

Belles épreuves, la seconde signée.

39. Fantaisie pour violoncelle (E. R. 50). — Dessin reproduit par le procédé Gillot.

Très belle épreuve. Rare.

40. En prenant le thé (E. R. 51). — Eau-forte.

Très belle et très curieuse épreuve du 2e état, portant en marge deux croquis exécutés au crayon noir et à la plume, et une lettre adressée par Rops à Poulet-Malassis :
Mon cher Malassis, vous m'avez fait demander, par Nys, une épreuve du frontispice En prenant le thé, *le voilà à l'état vague où il restera probablement car je n'ai plus le courage de terminer cet album fait ou plutôt commencé pour mon pauvre Tobynn, dont les os blanchissent peut-être dans les plaines de l'Alaska...*
Puis enfin une note de Poulet-Malassis : *Voyons, Mr Félicien, si vous connaissez un athée sincère, car j'espère que de tels hommes n'existent pas — pour l'honneur de l'humanité, qu'il vienne, je lui montrerai ce* « Limodorum abortivum » *et il dira avec moi : Admirons la puissance de Dieu!!! — Pas vrai?*

41. **La même estampe.**

Très belle épreuve du même état, signée.

42. **Passé minuit (E. R. 52). — Vernis mou et pointe sèche.**

Deux très belles épreuves des 1er et 3e états, la seconde sur papier du Japon, signée.

43. **La même estampe.**

Très belle épreuve du 3e état, sur papier du Japon.

44. **La Femme au trapèze (E. R. 53). — Eau-forte.**

Deux belles épreuves des 2e et 6e états, la seconde sur papier de Chine.

45. **Parisine (E. R. 54). — Eau-forte.**

Très belle épreuve du 3e état.

46. **L'Oliviérade (E. R. 55). — Eau-forte et pointe sèche.**

Très belle épreuve avant la lettre, sur chine fixé.

47. **La même estampe.**

Très belle épreuve avant la lettre, sur hollande.

48. **Metella, 1870 (E. R. 56). — Eau-forte signée du pseudo-nyme : *Jules Clarence.***

Très belle épreuve du 4e état, avant la lettre, signée.

49. **L'Affûteur (E. R. 57). — Eau-forte.**

Très belle épreuve du 4e état, avant la lettre, sur papier du Japon. Très rare.

50. **L'Experte en dentelles, 1876 (E. R. 58). — Vernis mou et pointe sèche.**

Très belle épreuve du 2e état, sur papier du Japon, signée.

51. **La Gitana (E. R. 59). — Vernis mou.**

Belle épreuve, sur papier du Japon.

52. **Oude-Kate (E. R. 60). — Vernis mou.**

Belle épreuve, signée.

53. **Médaillon de la Société internationale des Aquafortistes (E. R. 61).**

Très belle épreuve imprimée en sanguine sur teinte verte, et avec, en marge, un *croquis original à la plume.*

54. Pallas (E. R. 62). — Eau-forte publiée sous le pseudonym e
de *W. Lesly*.

> Très belle épreuve du 12ᵉ état, avant la lettre, tirée sur papier du
> Japon et signée.

55. L'Ariette, 1874 (E. R. 63). — Eau-forte publiée sous le
pseudonyme de *V. Niederkorn*.

> Très belle épreuve du 5ᵉ état, avant la lettre, tirée sur papier du
> Japon et signée.

56. L'Ariette, première planche abandonnée (E. R. 63 *bis*). —
Eau-forte.

> Très belle épreuve. Fort rare.

57. Mon Bourgmestre (E. R. 64). — Le Modèle (65).

> Deux petites pièces imprimées sur la même feuille.

58. La Dalécarlienne, août 1874 (E. R. 66). — Eau-forte.

> Très belle épreuve du 4ᵉ état.

59. La Bucheronne ou le Grand paysage Brabançon (E. R. 67).
— Eau-forte exécutée par Rops et Louis Dubois.

> Deux très belles épreuves, une tirée sur papier du Japon, la
> seconde signée.

60. Jean Brouette (E. R. 68). — La Barque (70). — La Chasse
au lièvre (71). — Trois petites eaux-fortes.

> Très belles épreuves tirées sur papier ancien.

61. Rosaire et Rosière (E. R. 69). — Eau-forte.

> Très belle épreuve, signée.

62. William Lesly, 1875 (E. R. 72). — Eau-forte et pointe sèche.

> Très belle épreuve du 7ᵉ état, avec les travaux du premier plan,
> *non éba. bés*. Rare.

63. Billet à désordre (E. R. 73). — Eau-forte.

> Très belle épreuve sur papier du Japon, portant la mention ma-
> nuscrite suivante : *Paris 1ᵉʳ janvier 1881. Bon pour une épreuve.
> — Au premier mars prochain je livrerai contre ce billet à désordre
> une épreuve de la Dame au Pantin. — Félicien Rops*.

64. Les Cartes (E. R. 74). — Aquatinte et pointe sèche.

> Très belle épreuve du 2ᵉ état, sur papier du Japon, signée. Fort
> rare.

65. Hyménée ! (E. R. 75). — Aquatinte.
    Très belle épreuve sur papier du Japon, signée.

66. Clos du Roy (E. R. 76). — Eau-forte.
    Belle épreuve du 1er état, signée. Très rare.

67. Complaisance (E. R. 77). — Eau-forte.
    Très belle épreuve du 2e état. Rare.

68. Le Miroir de coquetterie (E. R. 78). — Pointe sèche.
    Très belle épreuve du 1er état, sur papier du Japon, signée.

69. Petite Sorcière (E. R. 79). — Tête de vieille Femme, gra-
    vée par Taëlemans, d'après Rops (80). — Deux pièces.
    Belles épreuves.

70. Tête de vieille Femme (E. R. 80). — Eau-forte gravée par
    F. Taëlemans, d'après Rops.
    Belle épreuve du 2e état.

71. La Femme à la tête de mort (E. R. 81). — Eau-forte.
    Très belle épreuve sur papier du Japon.

72. La Portière de Jacquemart (E. R. 82). — Eau-forte.
    Très belle épreuve du 2e état. Rare.

73. Misanthropie ! 1872 (E. R. 83). — Eau-forte.
    Belle épreuve sur papier du Japon.

74. Canicule, 1882 (E. R. 84). — Vernis mou.
    Très belle épreuve sur papier du Japon.

75. La Dame au Carcel (E. R. 85). — Vernis mou.
    Très belle épreuve du 1er état, avec les *trois croquis*, sur papier
    du Japon. Rare.

76. La même estampe.
    Très belle épreuve du 2e état, tirée en deux tons, signée et por-
    tant, en marge du haut, une lettre de Rops :
    Mon Cher Vieux je regrette bien ne pas l'avoir trouvé à Bruxelles
    pour te serrer la main de vieille amitié et te remettre... cette épreuve
    retouchée et tirée en deux teintes de la dame au Carcel...

77. Zud-West (E. R. 86). — Eau-forte.
    Belle épreuve sur papier du Japon, signée.

78. **Le Rydeack (E. R. 87). — Vernis mou.**

Très belle épreuve sur papier du Japon, signée, et portant en marge, outre une légende *manuscrite*, un joli *croquis au crayon noir*, par Rops.

79. **Milice Hanovrienne (E. R. 89). — Eau-forte.**

Très belle épreuve du 3ᵉ état, avec les croquis, signée.

80. **Pilier d'Église (E. R. 90). — Vernis mou.**

Très belle épreuve du 1ᵉʳ état (seul décrit) avant le monogramme dans le haut à gauche et avant la réduction du cuivre. Signée.

81. **La même estampe.**

Très belle épreuve du 2ᵉ état, non décrit, avec le monogramme, le cuivre réduit.

82. **Détritus humain (E. R. 91). — Vernis mou.**

Très belle épreuve, signée. Très rare.

83. **Question d'Orient (E. R. 92). — Eau-forte.**

Très belle épreuve du 2ᵉ état avec la figure (E. R. 93), c'est-à-dire avant le cuivre coupé. Rare.

84. **La même estampe.**

Deux belles épreuves des 3ᵉ et 4ᵉ états.

85. **Au Feu (E. R. 93). — Eau-forte.**

Deux belles épreuves sur papier du Japon.

86. **Seule (E. R. 94). — Vernis mou.**

Très belle épreuve sur papier du Japon, signée. Collection L. Dommartin.

87. **L'Oracle du Hameau (E. R. 95). — Eau-forte.**

Très belle épreuve du 1ᵉʳ état, avec, la figure de la *Paysanne du Bourbonnais*, sur le même cuivre; elle est tirée sur papier du Japon et signée. Rare.

88. **La même estampe.**

Très belle épreuve du même état, avec, en marge, une lettre autographe de Félicien Rops, et la boutade suivante :
Ça c'est « l'oracle de mon village » racontant que M. Félicien ferait ben mieux de couper les fouteaux de son allée, qui sont mûrs pour la charpente & la bâtisse, que de s'en aller comme ça tirer un chacun en portrait sans laisser ni un arbre ni une gens tranquilles, — là !! »

89. **La même estampe.**

Très belle épreuve du 2° état, signée.

90. **Vieux Faune (E. R. 96). — Aquatinte et vernis mou.**

Très belle épreuve, signée. Rare.

91. **La Femme à l'éventail (E. R. 97). — Vernis mou et pointe sèche.**

Très belle épreuve du 3° état, au *visage blanc*. Rare.

92. **La même estampe.**

Belle épreuve du 4° état, le *visage de la femme ombré*, mais toujours avec les *taches* de vernis mou, dans la marge. Signée.

93. **La même estampe.**

Très belle épreuve du 5° état (*non décrit*), les *taches* de vernis mou, effacées. Signée.

94. **Vieux docteur (E. R. 98). — Eau-forte.**

Très belle épreuve du 2° état, signée.

95. **Le Doigt dans l'Œil, invitation d'une Société d'artistes (E. R. 99). — Vernis mou.**

Très belle épreuve du 2° état, tirée en 2 tons, sur papier du Japon, signée.

96. **La Vieille à l'aiguille (E. R. 100). — Eau-forte.**

Très belle épreuve sur papier du Japon, signée, avec, en marge, *trois croquis au crayon noir*.

97. **La Vieille à l'aiguille, planche d'essai (E. R. 101). — Eau-forte.**

Très belle épreuve sur papier du Japon, signée. Très rare.

98. **Paysan breton (E. R. 102). — Eau-forte.**

Belle épreuve de la planche coupée.

99. **Bébé (E. R. 103). — Garçon brasseur Bruxellois (104). — Deux eaux-fortes.**

Belles épreuves sur papier du Japon, signées.

100. **Sortie de Bal (E. R. 105). — Eau-forte.**

Très belle épreuve, signée.

101. Orphée (E. R. 106). — Eau-forte.
Deux belles épreuves, dont une imprimée en sanguine sur papier rose.

102. Paysanne du Bourbonnais (E. R. 107). — Eau-forte.
Très belle épreuve du 2ᵉ état. Rare.

103. La Baie de Nipe, vignette gravée sur bois d'après Rops, par A. Prunaire, pour une Société financière (E. R. 108).
Très belle épreuve imprimée en sanguine, sur papier du Japon.

104. La même estampe.
Très belle épreuve en même état.

105. La Buée d'Automne, en Ardennes (E. R. 109 bis).
Très belle épreuve sur papier du Japon, du dessin reproduit par le *procédé Gillot*. Rare.

106. Les Laveuses, 1ᵉʳ fragment de la Buée d'Automne (E. R. 110). — Eau-forte.
Très belle épreuve du 2ᵉ état, signée.

107. Sur la Lesse, 2ᵉ fragment de la Buée en Ardennes (E. R. 111). — Eau-forte.
Très belle épreuve du 2ᵉ état, sur papier du Japon, signée.

108. La vieille Masken, servante Anversoise (E. R. 112).
Belle épreuve du 1ᵉʳ état. De toute rareté.

109. La vieille Masken, 1ʳᵉ planche abandonnée (E. R. 112 *bis*).
Belle épreuve. Très rare.

110. Jean Vandyrendonck, pêcheur de Blankenberghe (E. R. 113). — Pointe sèche.
Superbe épreuve du 3ᵉ état, signée.

111. La même estampe.
Très belle épreuve du même état, sur papier du Japon, signée.

112. Cigogne japonaise (E. R. 114). — Aquatinte.
Belle épreuve du 3ᵉ état.

113. Compagnons de Box (E. R. 115). — Eau-forte.
Belle épreuve sur papier du Japon, signée.

114. Paysanne du Gatinais (E. R. 116). — Eau-forte et pointe
sèche.

> Très belle épreuve.

115. Laitière Flamande (E. R. 119). — Eau-forte et aquatinte.

> Deux épreuves de la planche terminée, une avant la lettre, sur
> papier du Japon, signée.

116. La Grève, grande planche (E. R. 120). — Eau-forte.

> Très belle épreuve, signée Très rare.

117. La Grève, petite planche (E. R. 121). — Eau-forte.

> Très belle épreuve du 1er état, avec la figure (E. R. 53). Très
> rare.

118. La même estampe. — Eau-forte.

> Très belle épreuve du 2e état. sur papier du Japon. Rare.

119. La même estampe.

> Très belle épreuve du 3e état, sur papier du Japon, signée.

120. Mon Grand-oncle (E. R. 122). — Eau-forte.

> Très belle épreuve, tirée sur papier ancien.

121. Dans la Pusta (E. R. 123). — Eau-forte.

> Très belle épreuve du 1er état, avec les *dix lignes de légende*,
> sur papier du Japon, signée.

122. La même estampe.

> Très belle épreuve du 2e état, la légende enlevée, sur papier du
> Japon, signée.

123. Celle qui fait celle qui lit Musset, 1879 (E. R. 124). — Eau-
forte.

> Belle épreuve du 3e état, sur papier du Japon.

124. La Planche du Tzigane (E. R. 125).

> Belle épreuve.

125. La dernière Maja (E. R. 126). — Eau-forte et pointe sèche.

> Très belle épreuve du 6e état, avant les dernières retouches,
> sur papier du Japon, signée ; elle porte en marge, un *croquis à
> la plume*, de Rops, accompagné du mot Mercédès !!!

126. Ma Colonelle ! (E. R. 127). — Eau-forte.

> Très belle épreuve du 2e état, signée.

127. Miette (E. R. 128). — Eau-forte et pointe sèche.

> Très belle épreuve du 2ᵉ état, sur papier du Japon, signée.
> Très rare.

128. Au Jardin (E. R. 129). — Eau-forte.

> Très belle épreuve du 1ᵉʳ état, sur papier du Japon, signée.
> Collection L. Dommartin. Rare.

129. Le Semeur de Paraboles (E. R. 130). — Eau-forte.

> Très belle épreuve, sur papier du Japon, signée.

130. La Sieste, petite planche (E. R. 132). — Eau-forte.

> Belle épreuve sur papier du Japon.

131. Le Pot au lait, planche de croquis (E. R. 133). — Eau-forte
exécutée en collaboration avec le sculpteur Godebski.

> Très belle épreuve du 1ᵉʳ état, avant la totalité des croquis,
> Très rare.

132. La même estampe.

> Très belle épreuve du 2ᵉ état, avant les deux derniers croquis,
> signée. Rare.

133. La même estampe.

> Très belle épreuve du 3ᵉ état, signée.

134. La Migraine (E. R. 134). — Eau-forte.

> Belle épreuve du 2ᵉ état, sur papier du Japon, signée.

135. La Vieille aux Fleurs de lys (E. R. 135). — Eau-forte et
aquatinte.

> Très belle épreuve sur papier de Chine volant.

136. Tête de maraîchère Anversoise (E. R. 136).

> Très belle épreuve du 2ᵉ état, avec l'addition d'un certain
> nombre de croquis au vernis mou, exécutés par Louis Legrand.

137. Ma goutte (E. R. 137). — Eau-forte.

> Très belle épreuve du 2ᵉ état, le sujet du milieu tiré à part et
> remonté, les vers transcrits à la main par Rops. Rare.

138. Séparés ! ou Printemps simiesque (E. R. 138). — Eau-
forte et aquatinte.

> Belle épreuve du 2ᵉ état.

139. Le Rappel (E. R. 139). — Eau-forte et pointe sèche.
Très belle épreuve sur papier du Japon, signée. Rare.

140. Petite Bretonne (E. R. 140). — Eau-forte.
Belle épreuve du 2ᵉ état.

141. Salamandre et Scarabée ou lézard japonais (E. R. 142).—
Fantaisie japonaise (159). — Deux pièces.
Belles épreuves, la seconde signée.

142. Le Vol et la Prostitution dominant le monde (E. R. 144).
Eau-forte.
Très belle épreuve sur papier du Japon, signée.

143. Frontispice des Œuvres inutiles et nuisibles (E. R.145).—
Eau-forte et pointe sèche.
Superbe épreuve de l'état définitif, sur papier du Japon, signée ;
elle porte en marge *deux croquis au crayon noir*, de Rops, une
addition manuscrite à la légende de gauche, puis ces deux lignes :
*Mon Vieux Dom je t'attends du 2 au 10. L'Exposition est curieuse
à ce qu'il paraît. Vu un merveilleux portrait de Fantin.*

144. Le Train des Maris (E. R. 146). — Eau-forte.
Très belle épreuve du 3ᵉ état, sur papier du Japon, signée.

145. Douce Folie (E. R. 147). — Eau-forte.
Très belle épreuve, signée.

146. Guerrière, 1882 (E. R. 148). — Eau-forte.
Très belle épreuve du 2ᵉ état, sur papier du Japon.

147. Le Sphinx, grande planche (E. R. 149 *bis*). — Vernis mou.
Très belle épreuve sur papier du Japon, signée.

148. La Poupée du Satyre (E. R. 150). — Eau-forte.
Belle épreuve sur papier du Japon.

149. Dans l'atelier (E. R. 151). — Conventionnel (152).— Deux
eaux-fortes.
Belles épreuves sur papier du Japon, signées.

150. Juillet (E. R. 153). — Eau-forte.
Belle épreuve tirée sur papier du Japon.

151. **Frontispice d'une suite d'OEuvres libres (E. R. 154).** —
Pointe sèche.

   Très belle épreuve du 1ᵉ état, sur papier du Japon, signée.

152. **Beurre d'Isigny, 1875 (E. R. 155).**

   Belle épreuve du 1ᵉʳ état, sur papier du Japon.

153. **Vieille Gouge (E. R. 156).** — **Vernis mou.**

   Très belle épreuve sur papier du Japon.

154. **La Petite Liseuse (E. R. 157). — Eau-forte.**

   Belle épreuve du 1ᵉʳ état.

155. **La même estampe.**

   Très belle épreuve du 2ᵉ état, signée, avec, en marge, un beau
   croquis à la plume avec rehauts de pastel, de la figure du *Doigt
   dans l'œil*. Collection L. Dommartin.

156. **Ma Grand'tante (E. R. 158).** — **Pointe sèche et vernis mou.**

   Très belle épreuve du 2ᵉ état.

157. **Remparts (E. R. 160). — Eau-forte.**

   Très belle épreuve du 2ᵉ état, sur papier du Japon, signée.

158. **Le Docteur Fiileau, 1882 (E. R. 161). — Eau-forte.**

   Très belle épreuve sur papier du Japon, signée.

159. **Mademoiselle de Maupin (E. R. 162). — Vernis mou.**

   Belle épreuve sur papier du Japon.

160. **Mademoiselle de Maupin. — Eau-forte par François
   Courboin.**

   Quatre très belles épreuves d'états différents, une est signée.

161. **La Foire aux Amours, grande planche (E. R. 163). — Eau-
   forte.**

   Très belle épreuve du 2ᵉ état, sur papier du Japon. Très rare.

162. **La Foire aux Amours, petite planche (E. R. 164). — Eau-
   forte et vernis mou.**

   Deux belles épreuves sur papier du Japon, dont une portant
   en marge de nombreuses annotations *manuscrites*, de Rops.

163. **Les Champs, 1875 (E. R. 166). — Eau-forte.**

   Très belle épreuve, signée.

164. **Mors syphilitica** (E. R. 167). — Pointe sèche.
Très belle épreuve sur papier du Japon, signée.

165. **O Nature! 1880** (E. R. 168). — Eau-forte.
Belle épreuve sur papier du Japon.

166. **L'Été, 1880** (E. R. 169). — Pointe sèche.
Très belle épreuve sur papier du Japon, signée.

167. **Printemps, 1882** (E. R. 170). — Eau-forte.
Belle épreuve sur papier du Japon.

168. **Modernité, 1883** (E. R. 171). — Pointe sèche.
Très belle épreuve du 4e état, avec le monogramme et la date, mais avant la lettre.

169. **La Clef des champs** (E. R. 172). — Eau-forte.
Très belle épreuve du 2e état, signée.

170. **La Colère** (E. R. 173). — Eau-forte et pointe sèche.
Belle épreuve sur papier du Japon (a été frottée).

171. **Le dernier Pape** (E. R. 174). — Aquatinte et pointe sèche.
Belle épreuve du 2e état.

172. **Dimanche!** (E. R. 175). — Vernis mou et pointe sèche.
Très belle épreuve du 1er état (seul décrit), avant la suppression du croquis et avant la publication dans *l'Artiste*; elle est tirée sur papier du Japon et signée.

173. **Le Pendu** (E. R. 176). — Vernis mou et pointe sèche.
Très belle épreuve, signée.

174. **Humanité** (E. R. 177). — Eau-forte.
Très belle épreuve du 1er état.

175. **La République aimab'** (E. R. 178). — Eau-forte.
Très belle épreuve du 2e état, sur papier du Japon, signée.

176. **Hypocrisie** (E. R. 179). — Pointe sèche.
Très belle épreuve sur papier du Japon.

177. **La Chanson du soir** (E. R. 180). — Pointe sèche.
Belle épreuve.

178. Bourgeoisie (E. R. 181). — Pointe sèche.
>Très belle épreuve, portant en marge des vers de Paul Arène, transcrits par Rops : *Moi j'aime la bourgeoise mûre...*

179. C'zardas, 1879 (E. R. 182). — Pointe sèche.
>Très belle épreuve, signée, sur papier du Japon.

180. Le Verrou (E. R. 183). — Pointe sèche.
>Belle épreuve, signée.

181. L'Attente, 1879. (E. R. 184). — Pointe sèche.
>Très belle épreuve sur papier huilé.

182. Les Deux Vieilles (E. R. 185). — Eau-forte.
>Belle épreuve du 2ᵉ état. Fort rare.

183. Médaillon à la tête poncée (E. R. 186). — Les Sept têtes (188). — La Flamande inclinée (189). — Trois pièces.
>Belles épreuves.

184. Vieux (E. R. 190). — Eau-forte.
>Belle épreuve. Fort rare.

185. Tiel Uylenspiegel (E. R. 192). — Eau-forte sur verre.
>Belle épreuve. Très rare.

186. Petite Académie (E. R. 193). — Vérographie.
>Belle épreuve. Rare.

187. La Flamande au chapeau de paille (E. R. 195). — La Femme ratatinée (197). — Le paysan au bâton (201). — La Tête de cheval, fragment d'épreuve (202). — Quatre pièces.
>Belles épreuves.

188. Tête à gauche (E. R. 199). Aquatinte.
>Très belle épreuve. Fort rare.

189. Les Bateaux (E. R. 203). — Eau-forte exécutée mi-partie par Henri Durand-Brager, mi-partie par Rops.
>Très belle épreuve du 1ᵉʳ état, tirée sur papier ancien : probablement *unique*.

190. La même estampe.
>Très belle épreuve du 2ᵉ état, signée.

191. Les Amoureux (E. R. 204). — Gravure sur verre, procédé
Simonau et Toovey.
>Très belle épreuve. Fort rare.

192. L'Avocat (E. R. 205). — Vernis mou.
>Très belle épreuve du 2° état. sur papier du Japon, signée.
Très rare.

193. Olla podrida (E. R. 208). — Venris mou.
>Deux belles épreuves des 2° et 3° états, la seconde sur papier
du Japon.

194. Le grand Marmiton, menu pour un dîner offert par Neyt,
photographe à Bruxelles (E. R. 282). — Eau-forte.
>Très belle épreuve. Très rare.

195. La même estampe.
>Très belle épreuve, signée.

196. La Pêche au jambon, menu (E. R. 283). — Eau-forte attri-
buée à Rops, mais en réalité gravée par son élève Taëlle-
mans.
>Belle épreuve.

197. Menu du dîner de la « Chronique », 1869 (E. R. 284). Eau-
forte.
>Très belle épreuve sur papier du Japon, signée.

198. Menu politique, pour Ménard-Dorian (E. R. 285). — Eau-
forte.
>Deux belles épreuves, dont une avec le menu *manuscrit*
(18 mars 1881).

199. La Défense du Budget, menu pour Armand Gouzien (E.
R. 286). Eau-forte.
>Deux belles épreuves des 1er et 2° états, signées, la première
tirée sur papier du Japon.

200. Le Paon, menu pour C. Blanc (287). — Le Docteur, menu
pour le Dr Filleau (289). — Le Cochon nimbé, menu
pour le Dr Filleau (290). — Le Jockey, menu pour
C. Blanc (292). — Le Dindon, menu (294). — Six eaux-
fortes.
>Belles épreuves.

201. La Cuisine dosimétrique, menu pour le Dr Filleau (E. R.
288). — Eau-forte.
Belle épreuve, signée.

202. Le Paddock de Joyenval, menu (E. R. 291). — Eau-forte.
Belle épreuve sur papier du Japon.

203. Le Jockey, menu pour Camille Blanc (E. R. 292). — Le
Dindon, menu (294). Trois pièces y compris un double.
Belles épreuves.

204. La Crémaillère, menu, 3 janvier 1880 (E. R. 295).— Eau-
forte.
Deux belles épreuves des 1er et 2e états, la seconde sur papier
du Japon.

205. La Jolie Fille en chemise, menu pour Mlle Doucé (E. R.
296). Eau-forte.
Belle épreuve du 3e état, avant la planche coupée, tirée sur
papier du Japon.

206. Menu Duluc (E. R. 297). — Le Cochon truffier, menu (298).
Deux eaux-fortes.
Très belles épreuves, signées.

207. La Marotte macabre (E. R. 299). — La Barque (300). —
Le Modèle (303). — Trois eaux-fortes.
Belles épreuves, deux sont signées.

208. La Muse en crinoline (E. R. 304). — L'Amour-orchestre
(306). — L'Amour harpiste (307). — Trois lettrines
pour Armand Gouzien.
Belles épreuves imprimées en sanguine.

200. La Galatelle (E. R. 308). — Aquatinte.
Belle épreuve, portant en marge, une lettre *manuscrite* de Rops,
signée.

210. Lettrines : La Petite Tzigane (E. R. 311). — Les Pensées
(317). — Le Grand Livre (318). — La République (319).
— Le Palmier (320). — Le Caniche (321). — Le Para-
vent (322). — L'Éventail (323). — Les Violettes (324).—
Les Mirlitons (325). — Les Colombes (326). — Le Terme
(327). — Douze petites pièces,
Très belles épreuves, cinq sont signées.

211. La Presse, adresse de l'imprimeur F. Nys (E. R. 328). — Eau-forte.

> Deux très belles épreuves des 2e et 4e états.

212. La Chrysalide, invitation à l'Exposition du cercle de la Chrysalide, à Bruxelles (E. R. 330). — Eau-forte.

> Très belle épreuve d'un état *non décrit*, la vignette est terminée, mais la planche est avant la correction au mot chrysalide. Fort rare.

213. La même estampe.

> Très belle épreuve du 2e état décrit (mais en réalité le 3e), avec la faute corrigée, mais avant le texte, signée.

214. Théâtre des Fixions, programme (E. R. 331). — Royal Club de Sambre-et-Meuse (332 et 332, 2e essai).

> Trois pièces, la première avec un *cache-lettres*.

215. Adresse aux Palmes, pour M\lllles Duluc (E. R. 333). Les Mannequins, pour Mlle Duluc (334). — Deux eaux-fortes.

> Belles épreuves sur papier du Japon, la seconde signée.

216. L'Amour au tambourin (E. R. 335). — Eau-forte.

> Très belle épreuve du 1er état, avant le tambourin, et avec le monogramme F. R. et la date : 1875. Très rare.

217. La même estampe.

> Belle épreuve du 2e état, avant le mot : *Bruxelles*.

218. Affiche pour *Rimes de joie*, par Th. Hannon (E. R. 336). — Nouveau-Cirque, programme (337). — Vignette frontispice pour l'*Artiste* (338). — Six pièces.

219. Les Diaboliques, par J. Barbey d'Aurevilly : — Frontispice, le Sphinx. — 1° Le Rideau cramoisi. — 2° Le plus bel amour de Don Juan. — 3° Le dessous de cartes d'une partie de Wist. — 4° A un dîner d'athées. — 5° Le Bonheur dans le crime. — 6° La Vengeance d'une Femme. — Post-Face, 2 pl. (E. R. 339-347). — Suite complète de neuf eaux-fortes.

> Très belles épreuves sur papier du Japon, signées.

220. La Plage de Blankenberghe, frontispice pour une bro-
chure de A. Bardier (vers 1860) (E. R. 348). — Eau-
forte.

Très belles épreuves.

221. Les Épaves, de Charles Baudelaire, frontispice, 1868 (E.R.
349). — Eau-forte.

Deux belles épreuves, dont une du 6e état, avant que les derniers travaux ne soient ébarbés.

222. Le Massage (E. R. 351). — Eau-forte.

Belle épreuve.

223. Frontispice pour *Le Cabinet satyrique du XVII*e *siècle*
(E. R. 352). — Eau-forte.

Belle épreuve du 2e état. Rare.

224. Frontispice pour *Les Amusements des Dames de Bruxelles,*
par le Chr de Chevrier (E. R. 353). — Eau-forte.

Très belle épreuve du 2e état, avant les derniers travaux,
signée.

224 bis. Frontispice pour les *Amusements des Dames de Bruxelles*
(353). — Frontispice pour l'*Histoire de la Sainte-Chandelle d'Arras* (400). — Frontispice pour les *Œuvres
badines,* de l'abbé de Grécourt (409). — Trois eaux-
fortes.

Très belles épreuves, deux signées.

225. Chansons badines, par Collé, frontispice, 1882 (E. R. 354).
— Eau forte.

Très belle épreuve du 2e état, signée. Rare.

226. La même estampe.

Très belle épreuve du 4e état, sur papier du Japon, avec la
mention suivante tracée à la pointe : *Tiré à 50 ép. numérotées*
(n° 4).

227. Le Sire de Lumey (E. R. 358). — Eau-forte.

Deux belles épreuves des 4e et 5e états (déchirure en marge de
l'épreuve du 4e état).

228. Le Buveur (E. R. 359). Eau-forte.

Très belle épreuve du 2e état, sur papier de Chine.

229. Les aumônes à la porte du forgeron Smetse-Smée (E. R.
364). — Eau-forte.

 Très belle épreuve sur papier de Chine.

230. La Femme de Smetse-Smée, pour les Légendes flamandes,
de Ch. de Coster (E. R. 365). — Eau-forte.

 Très belle épreuve sur papier de Chine.

231. Les Cousines de la Colonelle, frontispice, 1882 (E. R. 369).
— Eau-forte.

 Très belle épreuve du 1er état, avant le quatrième *croquis*,
dans la marge de droite, sur papier du Japon. Très rare.

232. Le même frontispice.

 Très belle épreuve du 3e état, avant la réduction de la planche,
sur papier du Japon, signée.

233. Frontispice pour *Un été à la campagne*, 1867 (E. R. 370)
— Eau-forte.

 Belle épreuve du 1er état, sur papier de Chine volant. Rare.

234. Frontispice pour *l'Histoire anecdotique des Cafés et Caba-
rets de Paris*, par Alf. Delvau, 1862 (E. R. 371). — Eau-
forte.

 Belle épreuve d'essai. Rare.

235. Le même frontispice (E. R. 372). — Manière noire *non
publiée*.

 Deux très belles épreuves dont une du 2e état, de la collection
Poulet-Malassis.

236. Le Grand et le Petit Trottoir, par A. Delvau, frontispice,
1866 (E. R. 374). — Eau-forte.

 Deux belles épreuves, dont une du 1er état, à l'eau-forte pure,
signée.

237. Les Cythères Parisiennes, par A. Delvau, frontispice, 1864
(E. R. 375). — Eau-forte.

 Très belle épreuve sur chine volant, signée.

238. La même planche.

 Très belle épreuve du 4e état, avec le nom de Delatre, tirée
sur papier de Chine volant.

239. Les Cythères Parisiennes, grande planche d'ensemble comprenant les dix-huit sujets (E. R. 395).

> Très belle épreuve du 3e état, sur papier de Chine volant. Rare.

240. Deuxième planche d'étude pour les Cythères Parisiennes (E. R. 397). — Eau-forte.

> Belle épreuve. Très rare.

241. Troisième planche d'étude pour les Cythères Parisiennes (E. R. 398).

> Très belle épreuve du 1er état, sur chine volant. Très rare.

242. Quatrième planche d'étude pour les Cythères Parisiennes (E. R. 399). — Eau-forte.

> Très belle épreuve. Très rare.

243. Histoire de la Ste Chandelle d'Arras (E. R. 400). — La Fleur lascive (402). — Les Jeunes France (406).— Des Conflits entre chasseurs et propriétaires (407). — Le Fer rouge (408). — Cinq frontispices.

> Belles épreuves.

244. Le Catéchisme des Gens mariés, frontispice, 1881 (E. R. 401). — Eau-forte.

> Deux très belles épreuves du 1er état, signées.

245. La Fleur lascive orientale, frontispice in-12 (E. R. 402). — Le même frontispice, in-4 (403). — Deux eaux-fortes.

> Belles épreuves, la seconde est signée.

246. Frontispice pour *Margot la ravaudeuse*, par Fougeret de Montbron, 1868 (E. R. 404). — Eau-forte.

> Deux épreuves, une très belle, sur papier de Chine volant et signée.

247. Album du Gaulois, frontispice (E. R. 405). — Procédé Comte.

> Deux planches différentes; belles épreuves, une avec *remarques*, en marge.

248. Frontispice pour les *Œuvres badines*, par l'abbé de Grécourt (E. R. 409). — Eau-forte.

> Très belle épreuve portant la mention : *Bon à tirer, Felicien Rops*.

249. Rimes de Joie : La Femme à la fourrure, debout (E. R.
412). — Eau-forte.

> Très belle épreuve du 1er état, avant nombre de travaux et
> avant le trait carré. Fort rare.

250. La même estampe.

> Très belle épreuve du 4e état, avant la réduction de la planche,
> tirée sur papier du Japon.

251. OEuvres badines, par l'abbé de Grécourt (E. R. 409). — Le
Diable dupé par les Femmes (416). — La Messe de
Gnide (419). — Trois frontispices.

> Belles épreuves; la Messe de Gnide est en double épreuve,
> dont une du 1er état, avant le cuivre coupé et avant divers tra-
> vaux.
> En tout quatre pièces.

252. La même estampe.

> Très belle épreuve du même état, signée.

253. Folies-Bergère (E. R. 414). — Vernis mou et pointe
sèche.

> Très belle épreuve du 2e état, sur papier du Japon.

254. Le Christ au Vatican, par Victor Hugo, frontispice, 1880
(E. R. 417). — Eau-forte.

> Très belle épreuve du 2e état, signée. Très rare.

255. Frontispice pour *La Messe de Gnide*, 1881 (E. R. 419). —
Eau-forte.

> Très belle épreuve portant la mention : *Bon à tirer*, F. Rops.

256. Frontispice pour les *Bas-Fonds de la Société*, par Henry
Monnier (E. R. 423). — Eau-forte.

> Épreuve du 1er état.

257. Frontispice pour les OEuvres d'Alfred de Musset (E. R.
425). — Eau-forte restée *inédite*.

> Très belle épreuve sur papier du Japon. Très rare.

258. Don Paez, pour les œuvres d'Alfred de Musset (E. R. 426).
— Eau-forte restée inédite.

> Très belle épreuve. Fort rare.

259. Curieuse (E. R. 427). — Le Vice suprême (428), par Joséphin Peladan. — Deux frontispices.

> Très belles épreuves, la seconde sur papier du Japon, signée, avec un *croquis à la plume*, en marge.

260. La Chronique à la Chambre, par Pétrus (E. R. 430). — Souvenirs de Barbizon, par Piédagnel (431). — Deux frontispices.

> Belles épreuves.

261. La Fileuse, d'après J.-F. Millet, pour les *Souvenirs de Barbizon*, par A. Piédagnel (E. R. 432). — La Gardeuse de moutons, d'après le même maître, eau-forte restée inachevée (433). — Deux eaux-fortes.

> Belles épreuves, la première avant la lettre, la seconde fort rare.

262. Frontispice pour *La Sphère de la lune*, 1881 (E. R. 434). — Eau-forte.

> Très belle et très rare épreuve du 1er état, signée.

263. La même estampe.

> Très belle épreuve du 2e état, avant divers travaux, signée.

264. L'Amour à travers les âges (E. R. 445). — Gravure en couleur, inédite.

> Belle épreuve.

265. L'Amour à travers les âges, grande planche. — Vernis mou.

> Belle épreuve, avec rehauts de couleurs, signée; on y a joint une épreuve de la planche biffée.

266. Frontispices pour *La Vie élégante* (E. R. 446). — Gravure en bois, d'après Rops, par A. Prunaire.

> Trois très belles épreuves tirées sur chine volant; une signée; on y a joint une épreuve de la planche agrandie pour servir d'affiche. En tout quatre pièces.

267. Les Exercices de dévotion de M. Henri Roch, frontispice, petite planche (E. R. 447). — Eau-forte.

> Très belle épreuve sur papier du Japon, imprimée en couleurs.

268. Le même frontispice, grande planche (E. R. 448).

> Très belle épreuve du 1er état avant la remorsure.

269. La même estampe.

> Belle épreuve d'un état *non décrit :* le cuivre est coupé, et seule, la figure principale du sujet, la jeune femme coiffée à la Dubarry, a été conservée. Très rare.

270. Planche d'ensemble : L'Histoire de la sainte-chandelle d'Arras et les Chats (E. R. 488). — Eau-forte.

> Très belle épreuve.

271. Planche d'ensemble : La Petite Liseuse, Lézard japonais, Lettrine, etc. (E. R. 489). — Eau-forte.

> Très belle épreuve d'essai. Rare.

272. Planche d'ensemble : Mon Grand-Oncle, Paysage braban-çon, Lettrine de J. Tobynn, etc. (E. R. 492). — Eau-forte in-fol.

> Très belle épreuve, signée. Très rare.

273. Planche d'ensemble : Clos du Roy. — Complaisance (E. R. 494).

> Très belle épreuve du 2ᵉ état, sur papier du Japon, signée.

274. Planche d'ensemble : La Vieille à l'aiguille, Bébé, Garçon brasseur (E. R. 496). — Eau-forte.

> Très belle épreuve du 1ᵉʳ état, avec *trois* croquis seulement ; elle est sur papier du Japon. Rare.

275. Lettrines au Cheval rétif, au départ, etc., planche d'ensemble (E. R. 499). — Eau-forte.

> Très belle épreuve du 2ᵉ état.

276. Lettrines au Tir à l'Arc et au Tir aux Pigeons (E. R. 501). — Eau-forte.

> Très belle épreuve sur papier du Japon. Collection A. Poulet-Malassis.

277. L'Homme à la Pipe (E. R. 503). — Eau-forte, un des premiers essais de gravure de Rops.

> Très belle épreuve sur papier de Chine volant.
> *N. B.* On lit dans le catalogue de Rops, au sujet de cette pièce : *C'est une des premières eaux-fortes de Rops, exécutée probable-ment vers 1865. Nous n'en connaissons qu'une épreuve, aujour-d'hui dans la collection de M. Ch. Delafosse.*

278. La Vieille Anversoise assise (E. R. 504). — Eau-forte, un
des premiers essais de gravures de Rops.
Belle épreuve du 2ᵉ état. Très rare.

279. Les Diaboliques : Le Rideau cramoisi, grande planche
(E. R. 505). — Vernis mou.
Belle épreuve sur papier du Japon.

280. Les Diaboliques : Le plus bel Amour de Don Juan, grande
planche (E. R. 506). — Vernis mou.
Belle épreuve sur papier du Japon.

281. Le Bonheur dans le crime, reproduction directe du dessin
original pour les *Diaboliques* (E. R. 507).
Très belle épreuve, signée.

282. Le Dessous des Cartes d'une partie de Whist, reproduction
directe du dessin original pour les Diaboliques (E. R.
508).
Très belle épreuve, sur papier du Japon.

283. Esquisse pour les Diaboliques, La Vengeance d'une Femme
(E. R. 511). — Pointe sèche et aquatinte.
Superbe épreuve tirée sur papier ancien, signée.

284. La même estampe.
Très belle épreuve, signée.

285. Le Père Muck, variante de *Bassoniste* (E. R. 513). — Eau-
forte.
Deux belles épreuves, une sur papier du Japon.

286. Derrière le rideau, 1876 (E. R. 514). — Vernis mou.
Belle épreuve sur papier du Japon. signée.

287. Dans la Pusta, nouvelle planche (E. R. 526). — Eau-forte.
Très belle épreuve, signée.

288. Le Roman d'une nuit (E. R. 527). — Photogravure.
Belle épreuve.

289. La même planche.
Très belle épreuve sur papier du Japon.

290. Petit Modèle, 1879 (E. R. 533). — Eau-forte.
Très belle épreuve du 2e état, signée.

291. Premier pas (E. R. 534). — Vernis mou.
Très belle épreuve, signée. Collection L. Dommartin.

292. La Cuisine de l'auberge des Artistes, à Anseremme. (E. R. 538). — Eau-forte.
Belle épreuve du 2e état, sur papier du Japon.

293. La Femme au miroir (E. R. 539). — Eau-forte.
Épreuve unique du 2e état, portant au verso l'inscription suivante : *Tirée a Namur, par F. Rops, rue Neuve, le 1er Xbre 1865, 7 h. 21 soir Pr Ernest Pearson.*

294. Évocation ou Incantation (F. R. 540). — Vernis mou.
Très belle épreuve sur papier du Japon, signée.

295. Décembre ou Vieux Poète, 1875 (E. R. 541). — Eau-forte.
Très belle épreuve sur papier du Japon, signée, et portant en marge des vers de Glatigny transcrits par Rops.

296. Vieille histoire (E. R. 544). — Photogravure et vernis mou.
Très belle épreuve.

297. L'Ame des choses (E. R. 545). — Vernis mou et pointe sèche.
Très belle épreuve, signée.

298. Humble nudité, 1874 (E. R. 547).
Très belle épreuve.

299. Diabologie (E. R. 548). — Manière noire et pointe sèche.
Très belle épreuve, signée.

300. Poisson rare, 1876 (E. R. 549). — Eau-forte.
Très belle épreuve, signée.

301. Peuple (E. R. 550). — Pointe sèche.
Très belle épreuve.

302. Feuille de Nénuphar (E. R. 554). — Eau-forte et vernis mou.
Très belle épreuve du 2e état, signée.

303. **Le Gaillard d'arrière** (E. R. 555). — Eau-forte.

Très belle épreuve avec de légers rehauts de sanguine, signée.

304. **La même estampe.**

Très belle épreuve en même condition.

305. **Hamadryade** (E. R. 556). — Eau-forte et pointe sèche.

Très belle épreuve, signée.

306. **La même estampe.**

Épreuve d'un état antérieur, la planche couverte d'accidents ou de salissures. Fort rare.

307. **Plénipotentiaire** (E. R. 557). — Pointe sèche.

Belle épreuve, les marges épidermées.

308. **Frontispice pour** *Parallèlement*, **de Paul Verlaine** (E. R. 558). — Vernis mou.

Très belle épreuve, signée.

309. **La même estampe.**

Très belle épreuve, signée.

310. **Sœtkin et le petit Uylenspiegel, 1879** (E. R. 559). — Eau-forte et pointe sèche.

Très belle épreuve, signée.

311. **La même estampe.**

Épreuve sur papier du Japon, signée.

312. **Le Coup de la Jarretière** (E. R. 560). — Photogravure et vernis mou.

Très belle épreuve.

313. **La Messagère du Diable** (E. R. 561). — Vernis mou.

Très belle épreuve, signée.

314. **La même estampe.**

Très belle épreuve, signée.

315. **Vénus Milita** (E. R. 562). — Pointe sèche.

Deux belles épreuves, une tirée sur papier du Japon.

316. **Frontière de Belgique, Billet à désordre (E. R. 563). —
Eau-forte.**
Belle épreuve tirée sur une feuille de *billet d ordre* français.

317. **Vendangeuse (E. R. 564). — Vernis mou.**
Très belle épreuve du 1er état, avec les croquis, signée.

318. **Très vieille (E. R. 565). — Vernis mou.**
Très belle épreuve du 1er état, sur papier du Japon.

319. **Canicule (E.R. 566). — Pointe sèche.**
Très belle épreuve sur papier du Japon, signée.

320. **Mater dolorosa (E. R. 567). — Eau-forte et pointe sèche.**
Très belle épreuve du 3e état, signée.

321. **Masques Parisiens, frontispice, grande planche (E. R. 570
et 642). — Photogravure et vernis mou.**
Très belle épreuve, signée.

322. **La même estampe.**
Très belle épreuve, signée.

323. **Daphné ou le Livre moderne (E. R. 571). — Eau-forte.**
Très belle épreuve sur papier du Japon, signée.

324. **La Cantinière des Pilotes (E. R. 572). — Photogravure et
vernis mou.**
Très belle épreuve, signée.

325. **La Nourrice au Satyrion (E. R. 573). — Eau-forte.**
Très belle épreuve sur papier du Japon, signée.

326. **La même estampe.**
Belle épreuve sur papier du Japon.

327. **La Justicière ou Ecce Homo (E. R. 574). — Eau-forte.**
Très belle épreuve sur papier du Japon, signée.

328. **Poitrail (E. R. 575). — Vernis mou.**
Très belle épreuve du 2e état, signée.

329. **Pénombre (E. R. 376). — Aquatinte.**
Très belle et fort rare épreuve d'un 1er état, *non décrit*, avant
divers indications en clair, indiquant la forme ou les plans.

330. La même estampe.
Très belle épreuve du 2ᵉ état (seul décrit), signée.

331. La Pantoufle de Cendrillon et Repos (E. R. 577).
Très belle épreuve du 2ᵉ état, sur papier du Japon, signée.

332. La même estampe.
Très belle épreuve du 3ᵉ état.

333. Satisfaction (E. R. 578). — Vernis mou.
Très belle épreuve, signée.

334. Porteuse de poisson (E. R. 579). — Vernis mou.
Très belle et rare épreuve du 2ᵉ état, avec les *neuf croquis*, signée.

335. La même estampe.
Deux très belles épreuves du 4ᵉ état, l'une sur papier du Japon, l'autre tirée sur une même feuille, avec la planche : *Négligé*. Elles sont signées.

336. Buste de jeune Flamande. — La Nymphe. — Buste d'homme. — Trois petites pièces, fragments des croquis marginaux de la *Porteuse de poisson*.
Très belles épreuves tirées sur papier ancien, signées.

337. Indolence (E. R. 579 *bis*). — Eau forte et vernis mou.
Très belle épreuve du 2ᵉ état, tirée sur papier ancien.

338. La Femme du Prud'homme (E. R. 580). — Madame Hammelette (581). Deux petites pièces, fragments des croquis marginaux de la *Porteuse de poisson*.
Très belles épreuves tirées sur papier ancien, signées.

339. Une pianiste Shaker, 1888 (E. R. 582). — Vernis mou.
Très belle épreuve du 3ᵉ état, avec le millésime, sur papier du Japon, signée.

340. La Belle et la Bête (E. R. 583). Vernis mou.
Très belle épreuve tirée sur papier ancien, signée.

341. La Vieille au chapelet (E. R. 584). — Vernis mou.
Très belle épreuve tirée sur papier ancien, signée. Rare.

342. Planche d'étude : La découverte de l'Amérique (E. R. 586).
      — Aquatinte et vernis mou.

  Épreuve du 2ᵉ état, signée.

343. La Planche à l'Arbre (E. R. 588). Vernis mou.

  Très belle épreuve du 2ᵉ état.

344. La même estampe.

  Belle épreuve du 3ᵉ état, *non décrit*, avec des *essais de pointe*,
  à gauche.

345. Planche d'étude : La dernière des Pédagogues (E. R. 594).
      — Vernis mou.

  Très belle épreuve du 3ᵉ état, tirée sur papier ancien, signée.

346. Frontispice pour les *Note d'un vagabond*, par Jean Dar-
      denne (E. R. 634). — Vernis mou.

  Deux épreuves du 4ᵉ état, dont une sur papier du Japon, signée.

347. Frontispice pour l'*Initiation sentimentale*, par Joséphin
      Péladan (E. R. 635. 2ᵉ état). — Frontispice pour la
      publication manuscrite autographe d'œuvres de Mallarmé
      (636 — 2ᵉ état). — Deux pièces.

  Belles épreuves sur papier du Japon.

348. Maturité, pour *Eau-forte, pointe sèche et vernis mou*, par
      A. Delatre (E. R. 637). — Vernis mou.

  Très belle épreuve d'artiste, sur papier du Japon, signée.

349. Frontispice pour la *Pudeur de Sodome*, par G. Guiches
      (E. R. 638). — Vernis mou.

  Deux très belles épreuves du 1ᵉʳ état, signées, une tirée sur
  papier du Japon.

350. La même estampe.

  Très belle épreuve du 7ᵉ état, avec les *croquis*, signée.

351. Frontispice pour l'*Amante du Christ*, par Darzens (E.R.639).
      — Vernis mou.

  Très belle épreuve imprimée en bleu, signée.

352. Frontispice pour *A Cœur perdu*, par J. Péladan (E. R. 640).
      — Vernis mou.

  Très belle épreuve du 2ᵉ état, tirée sur papier du Japon, signée.

353. **La même estampe.**

Très belle épreuve du même état.

354. **Les Laveuses, pour les *Souvenirs de Barbizon*, par A. Piédagnel (E. R. 641). — Eau forte.**

Très belle et rare épreuve du 1er état, avec les *quatre* croquis, signée.

355. **La même estampe.**

Très belle épreuve du même état, sur papier du Japon.

356. **Frontispice pour *Masques Parisiens*, par F. Champsaur (E. R. 642). — Photogravure et vernis mou.**

Quatre très belles épreuves tirées en tons différents.

357. **Frontispice pour *Les Baisers morts*, par Paul Vérola, 1893 (E. R. 651).**

Deux belles épreuves sur papier du Japon, une imprimée en sanguine.

358. **Sirène à l'affût, frontispice pour *Morgat*, par R. Darzens (E. R. 652). — Vernis mou et pointe sèche.**

Belle épreuve du 1er état complétée au crayon.

359. **La même estampe.**

Deux belles épreuves du 2e état, sur papier du Japon, une imprimée en couleurs.

360. **Fleurons et culs-de-lampe, pour *Morgat*, par R. Darzens (E. R. 653-656). — Suite de quatre pièces gravées en bois.**

Très belles épreuves, deux suites sur papier du Japon et sur simili-japon, soit ensemble huit pièces.

361. **Ecchymoses. — Auscultation (E. R. 657-658). — Deux pièces pour les *Sonnets du Docteur*.**

Très belles épreuves, la seconde signée.

362. **Le Homard à la Coppée, deux croquis en marge d'une photogravure d'après un dessin d'Émile Bayard (E. R. 659).**

Très belle épreuve, signée. Rare.

363. **Frontispice pour *Un Document sur l'impuissance d'aimer*, par Jean de Tinan (E. R. 660). — Photogravure et pointe sèche.**

Très belle épreuve du 4e état, avant que les *croquis* n'aient été effacés; elle est tirée sur papier du Japon.

364. Peine (E. R. 676). — Eau-forte.

> Très belle épreuve du 2ᵉ état, sur papier du Japon, signée.

365. La grande Lyre, frontispice pour *Poésie, premier cahier*, par Mallarmé (E. R. 678). — Vernis mou.

> Très belle épreuve avec *six* croquis en marge, tirée sur papier du Japon.

366. L'Entr'acte. — Planche exécutée pour l'ouvrage de E. Ramiro.

> Très belle épreuve du 1ᵉʳ état, avec les *croquis*, tirée sur papier du Japon.

367. Holocauste. — Eau-forte et vernis mou.

> Très belle épreuve, signée.
> N. B. Cette planche a été exécutée pour l'ouvrage de E. Ramiro.

368. Le Traité de la Chasteté, 1884.

> Très belle épreuve du 1ᵉʳ état, avec la feuille de vigne, sur papier du Japon, signée.
> N. B. Cette planche a été exécutée pour l'ouvrage de E. Ramiro.

369. L'Amour dominant le Monde. — Planche in-fol.

> Deux très belles épreuves avec remarque, une imprimée en couleurs.

370. Étude du Piano, planche de croquis. — Eau-forte *non décrite*.

> Très belle épreuve, signée. Très rare.

371. Le Massage, grande planche. — Eau-forte et vernis mou.

> Belle épreuve sur papier du Japon.

372. La Mort qui danse. — Eau-forte anonyme, *non décrite*.

> Très belle épreuve.

373. Le Quatrième verre de Cognac. — Vernis mou.

> Très belle épreuve sur papier du Japon.

374. Suzanne au bain. — Eau-forte *non décrite*, sans signature.

> Belle épreuve sur papier de Chine volant. Très rare.

375. Feuille de croquis, exécutés par Rops, Daumier, Harpignies et Taiée, à une soirée chez de Bériot. — Eau-forte.

> Deux belles épreuves, dont une sur papier de Chine volant.

376. Planches d'études. — Quinze pièces, plusieurs *non dé-crites*.
    Belles épreuves.

377. Planches d'études. — Vingt pièces, plusieurs *non décrites*.
    Belles épreuves.

LITHOGRAPHIES

378. Frontispice de l'*Uylenspiegel* (E. R. 1). — Lithographie.
    Belle épreuve tirée hors texte.

379. V'la encore l'invasion des Lombards... (E. R. 6). — Pléni-potentiaires (9-10). — Les Framboisy. Tiens! vois-tu, Estelle... (65). — Crinolinographies (80). — Cinq litho-graphies.
    Belles épreuves, une tirée hors texte.

380. A nos Abonnées, planche avec douze portraits, dont celui de Rops (E. R. 83). — Lithographie.
    Belle épreuve sur papier de Chine.

381. En Ardenne, V'la coli sotte Marie Josèphe. (E. R. 90). — Lithographie.
    Très belle épreuve avant la lettre. Rare.

382. Poésie, Le Poète guerrier (E. R. 95). — Environs de Bruxelles, le Supplice de Tantale (96). — La Traite des blanches (97). — En Ardenne, la Saison des travaux sérieux... (99). — Menus propos (104). — Cinq litho-graphies extraites de l'*Uylenspiegel*.
    Belles épreuves, texte au verso.

383. Juif et chrétien (E. R. 103). — Lithographie.
    Belle épreuve sur papier de Chine.

384. Monsieur, voilà votre canne (104). — Ne lui parlez pas de la crinoline (105). — Tautin, rôle du Père Lalouette (120). — Les Derniers Flamands (121). — Un métier de

chien (129). — L'homme à la boule (132). **Halte-là, mon vieux** (133). — Sept lithographies.

Belles épreuves, plusieurs tirées hors texte sur papier de Chine fixé.

385. Béranger, Parlez-nous de lui... (E. R. 113). — Lithographie.

Deux belles épreuves, dont une tirée hors texte, sur chine rose.

386. Trois têtes sous le même bonnet (E. R. 134). — Ote-toi de là... (137). — Nos Intimes (139 *bis*). — Un marchand de sable (143). — En ce temps-là, ma petite..... (145). — *Uylenspiegel* au Salon (149-150-151). **Huit lithographies.**

Belles épreuves tirées hors texte, deux sont sur papier de Chine.

387. Au Beau Guernadier ou Age et liberté (E. R. 146). — Vielle Garde (147). **Deux lithographies.**

Belles épreuves.

388. Salon inédit (E. R. 154). Huit planches, héliogravures sur verre, contenant vingt-trois caricatures.

Très belles épreuves montées et reliées en un album in-4 oblong, dem.-rel. mar. vert, coins. Fort rare.

389. Affiches pour les photographes Neyt et Dandoy (E. R. 157-158). **Deux lithographies.**

Belles épreuves. Rares.

390. Affiche pour l'*Uylenspiegel* (E. R. 159). Lithographie.

Belle épreuve, légèrement rognée à droite, Rare.

391. Affiche pour les *Légendes Flamandes*, de Charles de Coster (E. R. 163). Lithographie.

Très belle épreuve, imprimée sur teinte, avant le nom de l'imprimeur. Rare.

392. La même estampe.

Très belle épreuve avec le nom de l'imprimeur, tirée sur teinte.

393. Affiche pour l'*Uylenspiegel au Salon* (E. R. 165). Lithographie.

Très belle épreuve tirée sur papier jaune.

394. **La dernière incarnation de Vautrin (E. R. 170). Lithographie.**

Deux belles épreuves, dont une avant la lettre, sur papier de Chine fixé.

395. **La Médaille de Waterloo (E. R. 172). Lithographie.**

Deux belles épreuves, une imprimée sur papier teinté rose, blanc et bleu (déchirures en marges).

396. **L'Ordre règne à Varsovie (E. R. 173). Lithographie.**

Très belle épreuve sur papier de Chine fixé.

397. **Liberté pour tous (E. R. 174). Lithographie.**

Très belle épreuve sur papier de Chine fixé. Rare.

398. **Lecture de la Bible (E. R. 176). Lithographie.**

Très belle épreuve.

399. **Adèle Dullé, actrice des Galeries Saint-Hubert (E. R 177). Lithographie.**

Très belle épreuve d'essai. Rare.

400. **Chez les Trappistes (E. R. 178). Lithographie.**

Très belle épreuve sur papier de Chine fixé. Rare.

401. **La Femme au lorgnon (E. R. 180). Lithographie.**

Très belle épreuve tirée sur papier chamois.

402. **La même estampe.**

Très belle épreuve.

403. **Tête de vieille Anversoise (E. R. 181). Lithographie.**

Belle épreuve. Très rare.

404. **Un Monsieur et une Dame (E. R. 182). Lithographie.**

Très belle épreuve sur papier de Chine fixé. Rare.

405. **Barbey d'Aurevilly, fac-similé par Aglaüs Bouvenne (E. R. 183).**

Très belle épreuve sur papier de Chine fixé; on y a joint une réduction, soit deux pièces.

406. **Brignola ou le Fou de Venise (155). — Seule (156). — Fariboles et Bagatelles (166). — Exposition d'Horticulture (164), etc. Huit lithographies et gravures en bois.**

Belles épreuves.

ROPS (D'après)

407. La Femme au masque. Planche in-fol.

> Deux très belles épreuves sur papier du Japon, une imprimée en couleurs.

408. Hommage à Pan. — L'Entr'acte de Minerve. — La Toilette. Trois pièces.

> Très belles épreuves d'artiste, imprimées en couleurs.

409. Manette Salomon. — La Femme au lorgnon. — Scène de genre. Trois planches in-fol., par A. Bertrand et un anonyme.

> Très belles épreuves d'artiste, une imprimée en couleurs.

410. Tête de Zélandaise. — Les Diables froids. — La Mort au bal masqué. — Le Démon de la Coquetterie. — Souvenirs d'antan. — Six pièces.

> Très belles épreuves d'artiste, trois imprimées en couleurs sur papier du Japon.

411. La Sieste. — La Dame au pantin. — La Buveuse d'absinthe. — Dentellière. — L'Attrapade. — La Saisie. — L'Étudiant. — Vieille Flamande. — L'Examen. — Le Gandin ivre. — Dix pièces, par Bouchetal, Leterrier ou *reproductions par l'héliogravure* d'eaux-fortes rares, de Rops.

> Très belles épreuves d'artiste, la plupart sur papier du Japon.

412. Ma Grand'tante. — Rosaire et Rosière. — Retour des champs. — Croquis. — Menus, etc. — Douze pièces, *reproductions par l'héliogravure* d'eaux-fortes et de dessins.

> Belles épreuves, la plupart sur papier du Japon.

413. Hésitation. — Le Vol et la Prostitution dominant le Monde. — Où qu'est le feu? — La Pieuvre, etc. — Quinze pièces par Bertrand, Bouchetal ou *reproductions par l'héliogravure* d'eaux-fortes rares de Rops.

> Très belles épreuves.

414. Suffisance. — La lecture du G^l Albert. — Le Maillot. —
      Le Botaniste, etc. — Quinze pièces par Bertrand, Cour-
      boin ou *reproductions, par l'héliogravure*, de planches
      rares de Rops.

415. Portrait de Rops. — La Légende de d'Yperdamme. — La
      Chronique. — Carte d'Octave Uzanne, etc. — Vingt-
      cinq pièces.

416. Reproductions d'œuvres gravées de Rops, et qui pour la
      plupart étaient destinées à l'Exposition des œuvres de
      Rops, à *la Plume*, qui n'eut pas lieu. — Quatre-vingt-
      dix-sept pièces, en épreuves d'artiste sur papier de
      Chine ou du Japon.

 Belles épreuves.

LEGRAND (Louis)

417. Portrait de Louis Legrand, par lui-même. Eau-forte et
aquatinte.

>   Très belle épreuve du 3ᵉ état sur papier du Japon, avant que
>   la planche n'ait été coupée.

418. La même estampe.

>   Belle épreuve du 4ᵉ état, portant le *bon à tirer*, de l'artiste.

419. La même estampe.

>   Superbe épreuve imprimée sur satin.

420. Avant, ou J'ai peur qu'on nous voie (E. R. 2). — Eau-
forte.

>   Très belle épreuve du 6ᵉ état, avant divers travaux, signée.

421. Après (E. R. 3). — Eau-forte.

>   Très belle épreuve du 5ᵉ état.

422. Le Repos dominical (E. R. 4). — Eau-forte.

>   Très belle épreuve.

423. Jacques Bonhomme (E. R. 5). — Eau-forte.

>   Très belle épreuve du 1ᵉʳ état, avant la lettre.

424. Elle va venir (E. R. 6). — Eau-forte.

>   Très belle épreuve du 3ᵉ état, signée.

425. Teutonophonie (E. R. 7). — Eau-forte et pointe sèche.

>   Belle épreuve du 3ᵉ état, sur papier du Japon, avant le cuivre
>   coupé, signée.

426. **Sarcleuse (E. R. 8). — Eau-forte et aquatinte.**
Très belle épreuve du 1er état, avant la signature.

427. **La Sirène (E. R. 9). — Eau-forte.**
Très belle épreuve sur papier du Japon, signée.

428. **L'Idiot (E. R. 10). — Eau-forte.**
Très belle épreuve du 1er état, sur papier du Japon, signée et numérotée (n° 6).

429. **Bertrand dort (E. R. 11-12). — Deux pièces.**
Belles épreuves, sur papier du Japon, de l'avant-dernier état.

430. **Retour de la chasse ou le Faisan (E. R. 13). — Eau-forte.**
Très belle épreuve du 1er état, avant la signature, sur papier du Japon.

431. **Les Deux petites vachères (E. R. 14). — Eau-forte.**
Belle épreuve du 1er état, sur papier du Japon.

432. **Vachère. — Eau-forte et aquatinte.**
Belle épreuve (plissée) sur papier du Japon, signée.

433. **L'Heure du Chauve-Souris (E. R. 15). — Eau-forte et aquatinte.**
Très belle épreuve du 2e état.

434. **La Femme au parapluie (E. R. 16). — Eau-forte et aquatinte.**
Très belle épreuve du 4e état, signée.

435. **Battersea Park (E. R. 17). — Pointe sèche.**
Très belle épreuve du 2e état, signée.

436. **Gin (E. R. 18). — Pointe sèche.**
Très belle épreuve sur papier du Japon, signée et numérotée.

437. **Celle qui se peigne (E. R. 19). — Pointe sèche.**
Très belle épreuve du 3e état, avant la signature, tirée sur papier du Japon, numérotée (n° 3).

438. **Frio (E. R. 20). — Eau-forte et pointe sèche.**
Très belle épreuve du 4e état, sur papier du Japon, signée.

439. Nocturne (E. R. 21). — Eau-forte.

> Très belle épreuve du 1er état, avant nombre de travaux et avant le cuivre coupé.

440. La même estampe.

> Très belle épreuve, sur papier du Japon, de la planche coupée ; signée.

441. Sous les figuiers (E. R. 23). — Eau-forte.

> Très belle épreuve du 1er état, avant la coupure du cuivre.

442. Les Amants. — Grand in-fol.

> Superbe épreuve sur papier du Japon, avec *remarque*, signée et numérotée (n° 7).
> Cette importante planche n'a été tirée qu'à 10 exemplaires.

443. Le Paing quotidien (E. R. 24). — Eau-forte.

> Très belle épreuve du 1er état.

444. Melancholia (E. R. 25). — Eau-forte et aquatinte.

> Très belle épreuve.

445. La même estampe.

> Très belle épreuve sur papier du Japon.

446. Un Soir (E. R. 26). — Pointe sèche.

> Très belle épreuve du 1er état, avant la signature, sur papier du Japon, signée et numérotée (n° 5 sur 6 exempl.).

447. Épaves de Famille (E. R. 27). — Eau-forte et pointe sèche.

> Deux belles épreuves, dont une du 2e état, avant la lettre et avec la remarque.

448. Quand le diable devient vieux, il se fait critique (E. R. 28). — Eau-forte.

> Très belle épreuve du 3e état.

449. Réflexion indiscrète (E. R. 29). — Eau-forte.

> Très belle épreuve du 6e état, imprimée en sanguine.

450. Mon Opinion politique, 1re planche (E. R. 30). — Eau-forte et aquatinte.

> Très belle épreuve du 2e état, avec en marge un *croquis a la plume*, de Louis Legrand, signé.

451. **Mon Opinion politique, 2e planche (E. R. 31). — Eau-forte.**
     Très belle épreuve du 2e état, avec le *monogramme* de l'artiste.

452. **Le Travail et la Paresse (E. R. 32). — Eau-forte et aqua-tinte.**
     Très belle épreuve du 6e état, avant la ttre, signée.

453. **Morte au champ d'honneur (E. R. 33). — Eau-forte et aqua-tinte.**
     Très belle épreuve du 4e état.

454. **Décharge publique (E. R. 34). — Eau-forte et aquatinte.**
     Très belle épreuve.

455. **Fin (E. R. 35). — Eau-forte et aquatinte.**
     Deux très belles épreuves des 2e et 5e états.

456. **Corruption (E. R. 36). — Eau-forte.**
     Très belle épreuve du 3e état, imprimée en sanguine.

457. **Des Pommes, 2e planche (E. R. 37). — Eau-forte.**
     Très belle épreuve imprimée en sanguine.

458. **Marché aux Pommes, des vertes et s blettes (E. R. 38) — Eau-forte.**
     Très belle épreuve du 5e état, tirée en ton verdâtre.

459. **La Mort n'a pas faim (E. R. 39). — Eau-forte et pointe sèche.**
     Très belle épreuve du 1er état numérotée (n° 3).

460. **Léda (E. R. 40). — Eau-forte et aquatinte.**
     Très belle épreuve du 1er état, signée et numérotée (n° 5).

461. **Diane (E. R. 41). — Eau-forte et aquatinte.**
     Belle épreuve du 3e état, sur papier du Japon.

462. **Cochon d'Avril (E. R. 42). — Eau-forte et pointe sèche.**
     Très belle épreuve du 1er état, signée et numérotée (n° 2).

463. **Éléphantaisie (E. R. 43). — Eau-forte et aquatinte.**
     Très belle épreuve.

464. Le Miché des salons (E. R. 44). — Eau-forte.

> Très belle épreuve du 3ᵉ état, numérotée (n° 3).

465. Les Petits du Ballet, suite de douze planches et un frontispice (E. R. 46 — 57).

> Très belles épreuves imprimées sur papier du Japon, signées et numérotées (n° 6); le frontispice en double exemplaire.

466. Devant la glace (E. R. 51). — **Eau-forte et aquatinte.**

> Quatre épreuves du 8ᵉ état, le cuivre coupé formant deux planches distinctes, publiées dans *l'Artiste*.

467. Le Plié (E. R. 59). — Eau-forte.

> Très belle épreuve du 1ᵉʳ état, sur papier du Japon.

468. Couverture, L'Idiot et le Plié (E. R. 60).

> Belle épreuve sur papier bleu.

469. L'Accroc (E. R. 61). — **Eau-forte et aquatinte.**

> Belle épreuve du 3ᵉ état, avant la signature, sur papier du Japon.

470. L'Habilleuse (E. R. 62). — Eau-forte.

> Très belle épreuve sur papier du Japon.

471. L'Ami des Danseuses (E. R. 63). — **Eau-forte et aquatinte.**

> Très belle épreuve du 2ᵉ état, signée.

472. Prostitution (E. R. 64). — **Eau-forte.**

> Très belle épreuve du 3ᵉ état, signée.

473. Mater inviolata (E. R. 65). — **Eau-forte et aquatinte.**

> Très belle épreuve du 9ᵉ état, signée.
> On y a joint une autre épreuve où *l'enfant* seul a été imprimé.
> En tout deux pièces.

474. Rosa mystica (E. R. 66). — **Eau-forte.**

> Très belle épreuve du 3ᵉ état, sur papier du Japon.

475. Le Fils du Charpentier (E. R. 67). Grand in-fol.

> Superbe épreuve du 8ᵉ état, sur papier du Japon, imprimée en bistre.

476. La Divine parole, petite planche.

    Belle épreuve.

477. Le Christ (E. R. 69). Grand in-fol.

    Superbe épreuve du 3ᵉ état, sur papier du Japon.

478. L'Annonciation (E. R. 70). Grand in-fol.

    Très belle épreuve du 1ᵉʳ état, signée.

479. Sujets mystiques. — Suite de treize eaux-fortes.

    Très belles épreuves sur papier du Japon, signées.

480. La Cour d'Assises (E. R. 72). — Eau-forte.

    Très belle épreuve.

481. Cours de Danse fin de siècle (E. R. 84 - 95). — Suite complète, y compris la planche : Salut militaire.

    Très belles épreuves tirées sur papier du Japon, avec *remarques* et portant presque toutes le *bon à tirer* de l'artiste ; elles sont montées sur onglets et rel. en un vol. in-4, demi-rel., coins.

482. Cours de Danse fin de siècle, 1892 (E. R. 84-95). — Suite complète, avec la planche *Salut militaire*, gravée après coup et qui n'a pas fait partie du livre.

    Très belles épreuves sur papier du Japon, coloriées à la *poupée* et signées.

483. La même suite, moins la planche *Le Salut militaire*.

    Très belles épreuves sur papier du Japon, imprimées en sanguine.

484. Salut militaire (E. R. 95). — Eau-forte et pointe sèche.

    Deux très belles épreuves des 1ᵉʳ et 2ᵉ états, sur papier du Japon, signées.

485. Flore artificielle. — Eau-forte et aquatinte.

    Très belle épreuve sur papier du Japon, avant que la planche n'ait été coupée.

486. Fleur de lit. — Eau-forte et aquatinte.

    Très belle épreuve sur papier du Japon, avant que la planche n'ait été coupée.

487. Coquette. — Eau-forte et aquatinte.

    Belle épreuve du 2ᵉ état, avant toute lettre, sur papier du Japon.

488. **Étude pour la Mère du Christ. — Eau-forte et aquatinte.**

> Très belle épreuve sur papier du Japon, avant que la planche n'ait été coupée.

489. **Anatomie comparée et le Vaisseau du désert. — Eau-forte et aquatinte.**

> Très belle épreuve sur papier du Japon, avant que la planche n'ait été coupée.

490. **La Femme au tampon de poudre de riz. — Eau-forte et aquatinte.**

> Très belle épreuve sur papier du Japon, tirée en plusieurs tons.
> Les nᵒˢ 485 à 490 inclus ont été exécutés pour le catalogue de Louis Legrand, par E. Ramiro.

491. **Le Baiser maternel. — Eau-forte et vernis mou, in-fol.**

> Très belle épreuve, sur papier du Japon, timbrée.

492. **Beau Soir. — Grand in-fol.**

> Superbe épreuve sur papier du Japon, signée et numérotée (nᵒ 5). N. B. Cette importante planche n'a été tirée qu'à 25 exemplaires.

493. **Le Mâle. — Eau-forte in-fol.**

> Superbe épreuve tirée en bistre, sur papier du Japon, signée.

494. **Profils parisiens. — Grand in-fol.**

> Superbe épreuve sur japon, signée.

495. **Repos de bicyclistes. — Eau-forte et aquatinte.**

> Très belle épreuve sur papier du Japon, imprimée en couleurs, numérotée (nᵒ 4).

496. **La Sœur aînée. — Eau-forte in-fol.**

> Très belle épreuve imprimée en couleurs, sur papier du Japon, signée et timbrée.

497. **Au cap de la Chèvre, suite de quatorze lithographies in-fol., dans la couverture de publication.**

> Bel exemplaire sur chine, signé sur la couverture, et numéroté (nᵒ 3).

498. **Danseuse assise. — Lithographie.**

> Très belle épreuve imprimée en couleurs, avec *remarque* et numérotée (nᵒ 3).

499. Portraits. — Lithographie.

    Deux très belles épreuves, dont une du 1er état avant que la tête du jeune garçon n'ait été effacée.

500. Les Excentricités de la Danse (Gil-Blas). — Imagerie Parisienne. — Almanach. — Menu. — Sujets divers.

    Cinquante pièces, photogravures, photographies, etc., d'après des dessins ou des estampes de Louis Legrand, plusieurs en épreuves d'artiste.

501. Joueur de billes. — Petit besoin. — Couturière. — Cartes d'invitation, etc. — Sept eaux-fortes.

    Belles épreuves, trois sont signées.

Paris. — Typ. Philippe Renouard, 19, rue des Saints-Pères. — 40410.